De: _____

Para: _____

Cuando cierro mis ojos

ISBN 978-1-4336-8727-3

B&H Publishing Group
Nashville, Tennessee 37234
www.BHespanol.com

Diseño, diagramación e ilustración:
Eulalia Cornejo Coello

Impreso en China
1 2 3 4 5 * 17 16 15

Cuando cierro mis ojos

Poemas para hablar con Dios

Marialuz Albuja Bayas   ·   Sandra De la Torre Guarderas

Ilustrado por Eulalia Cornejo

B&H

ESPAÑOL

Porque Cada PALABRA Cuenta®

BHEspanol.com

Del Salmo 103

Bendito sea el Señor
por la tierra, por la luna,
por las estrellas que dejan
su reflejo en la laguna,

porque en mi alma se mueve
su Espíritu, como el fuego,
porque su voz me acompaña
cuando duermo, cuando juego...

y si me pongo a llorar
en los brazos de papá
¡bendito sea el Señor
que en su corazón está!

(Marialuz Albuja Bayas)

Del Salmo 8

Con mis palabras primeras
y las más tiernas canciones
hiciste tu fortaleza
en medio de las naciones.

"Mami", "osito", "cucú"
son los mejores ladrillos
"muna", "pío, pío", "agú"
de tu enorme castillo.

Mi voz chiquita te alaba
y hace grande tu nombre;
¡mi adoración no se acaba
aunque ha llegado la noche!

(Sandra De la Torre Guarderas)

Del Salmo 34

Hoy siento alegría en todas las cosas.
El sol ha salido más bello que ayer
Hoy la vida tiene perfume de rosas.
He abierto los ojos y he podido ver
todos los regalos que Dios me ha entregado:

el agua que bebo, la noche feliz,
la comida sana que me han preparado,
aunque a veces diga que sabe a lombriz,
los montes, la luna, el valle y el prado,
todos mis vecinos, amigos, papá,
las ricas galletas que hornea la abuela
cuando a visitarla me lleva mamá,
el parque, sus juegos, la calle, la escuela…
detalles que ahora me sorprenderán.

Hoy siento alegría en todas las cosas.
El sol ha salido más bello que ayer.
Hoy la vida tiene perfume de rosas.
¡He abierto los ojos y he podido ver!

(Marialuz Albuja Bayas)

Del Salmo 107

Mi padre Dios es tan bueno
que me regala los charcos
para que yo me salpique
mientras navegan mis barcos.
Y cuando éstos se deshacen
(pues los hago de papel),
mi padre Dios es tan bueno
que me enseña, como él,
a crear juguetes nuevos
con las hojas de una rama
o con las pepas de monte
que un árbol suelta y derrama.

Mi padre Dios es tan bueno
que a su lado siempre voy
para que no se me olvide
lo que tengo y lo que soy.

(Marialuz Albuja Bayas)

Padre Dios, yo siempre busco tu mano llena de amor
y también tu luz, tu sombra, tu cariño, tu calor.
Canto tu nombre, mi dicha, tu alegría, mi ilusión.
Alabo todas tus cosas mientras por el mundo voy.

(Marialuz Albuja Bayas)

Del Salmo 104

Señor, tú que montas los caballos del viento,
haz que pueda escribir la 𝒪 con gran talento.
Como te obedecen los peces del acuario
¡haz que domine todo el abecedario!

(Sandra De la Torre Guarderas)

¿QUÉ PUEDO PEDIRLE AL SEÑOR?

Niño Jesús, ven a casa,
te invito a jugar conmigo.
Quédate siempre a mi lado
y sé mi mejor amigo.

(Marialuz Albuja Bayas)

Dios, regálame unas alas
para que vuelen mis manos
sobre los dulces pianos
con la gracia de las garzas.

(Sandra De la Torre Guarderas)

Señor,
mis zapatos se me han roto
en el camino a la escuela
¿no podrías darme otros
para jugar a la rayuela?

(Sandra De la Torre Guarderas)

Pido que todos los niños
conozcan de tu alegría
y sepan que estás con ellos
cada noche y cada día.

Pido por los que están lejos
y por los que yo más quiero.
Que se entreguen a tu guía
y a tu amor, puro y certero.

Señor, eres el instante
donde todo nace y brilla.
Te pido por los que sufren:
que vean tu maravilla.

(Marialuz Albuja Bayas)

¿QUÉ PUEDO PEDIRLE AL SEÑOR?

Del Salmo 61

¿Hola?, ¿hola?, Señor, ¿me oyes?
Cuando te llamo no me respondes.
¿Será que tienes otra llamada?
¡La línea está siempre ocupada!

Dios, no te tardes, soy una nena;
ayúdame con mi problema.
Déjame ver ahora tu amor,
¡que se me desinfla el valor!

(Sandra De la Torre Guarderas)

Del Evangelio de Lucas, 22

Mi Dios, te pido esta noche
que me cumplas un deseo...
Es algo tan importante
que solo a ti te lo ruego.

Por eso junto mis manos
y agradezco tu cariño.
Que se haga tu voluntad
en mi corazón de niño.

(Marialuz Albuja Bayas)

Del Salmo 61

Como la gaviota
protege al polluelo
arriba en la roca
dame tu consuelo.

Como la ballena
con su ballenato
ven en luna llena
a jugar un rato.

Tú eres mi padre,
oh Señor bendito,
no me desampares,
quiero estar contigo.

(Sandra De la Torre Guarderas)

Del Salmo 3

Oh, Dios, ven aquí, sé mi escudo
si me ataca un monstruo peludo.
Que tus ojos velen mi sueño,
acuérdate que soy pequeño.

Acaba con todo adversario
aunque se esconda en el armario.

No temo a los monos con barbas,
¡las tuyas son siempre más largas!

(Sandra De la Torre Guarderas)

Del Salmo 4

Cuando me quedo en mi cuarto
y mamá apaga la luz
no tengo miedo de nada
pues me acompaña Jesús.

(Marialuz Albuja Bayas)

Jesús bueno y generoso
te pido por mi papá:
que tenga salud, trabajo
amor, alegría y paz.
También sonrisas, descanso,
proyectos, sueños, piedad
y un corazón entregado
a tu infinita bondad.

(Marialuz Albuja Bayas)

Señor, dale a mami manitas de araña,
¡que se haga ocho toda la mañana!
a mi hermanita, el valor de la hormiga
para que marche a mi lado en la fila
y a papá, el ñeque del escarabajo,
¡que nunca vuelva a perder su trabajo!

(Sandra De la Torre Guarderas)

A mamá dale una bici
para que llegue temprano,
un globo que vuele encima
del tráfico y la ciudad,
un carro que salte cuadras
y una varita de mago
para que no se demore
cuando salga a trabajar,
un ángel que la proteja
en todas las situaciones,
amigas que la acompañen
cuando se vaya a pasear,
algo que le guste mucho
para que siempre esté alegre
y en su alma, tu presencia,
como las olas del mar.

(Marialuz Albuja Bayas)

POR MI FAMILIA

Soy feliz cuando disfruto
de los juegos del abuelo
bajo el sol, bajo la lluvia
o rodando por el suelo.
Y me encanta que la abuela
también se ponga a saltar
o a perseguirme en el patio
hasta hacerme revolcar.

Por eso, mi Dios, te pido
que los guardes en tus manos
para que sigan conmigo
felices, fuertes y sanos.
Pero lo que yo más quiero
es que te lleven por dentro
como el tesoro más bello,
el principio, el fin y el centro.

(Marialuz Albuja Bayas)

Del Evangelio de Juan, 14

Cuentan que mi abuelo viajó hacia tu cielo
volando, sus manos, como dos palomas;
que un día de abril apagó su candil
llevándose su risa juguetona.

Cuídalo bien mientras cuento hasta el cien
y salgo a buscarlo detrás de una estrella,
lo encuentro en mi abrazo al caer el ocaso
y sigo confiado su cálida huella.

Cuando tenga arrugas como las orugas,
deja que mis manos vuelen a las tuyas.
¡Dios, qué consuelo saludar al abuelo!
¡Y cantar con él para siempre aleluyas!

(Sandra De la Torre Guarderas)

Si quien muere va contigo,
Jesús, alivia mi pena.
Tengo un hueco en el ombligo,
no puedo comer la cena,
me despierto muchas veces,
no me quiero levantar
y pienso en las pequeñeces
que antes me hacían llorar.

Me duele que un ser amado
haya viajado a tu cielo
pero si estará a tu lado,
Jesús, dame tu consuelo.

(Marialuz Albuja Bayas)

Señor, si estoy triste
te busco en las nubes.
¿Será que me viste,
será que me subes
a tu dulce cielo
de plata y zafiro
donde tu consuelo
calma mi suspiro?

(Sandra De la Torre Guarderas)

Del Salmo 30

¿Qué es la tristeza, Dios mío?
¿Un hueco en el corazón?
¿Es lo que siento esta noche
sin saber por qué razón?
¿Mariposas atrapadas
entre la espalda y el pecho?
¿Una gotita de lluvia
que se ha colgado del techo?

Mientras esto se me pasa
no me dejes ni un instante.
Creo en todas tus promesas
y en tu amor siempre constante.

Mañana estaré feliz
pero seguiré a tu lado,
como tú, que no te has ido,
mi Jesús resucitado.

(Marialuz Albuja Bayas)

Por salirme con la mía
hice daño a quien más quiero.
Ahora estoy triste y te pido
debajo de este lucero
que me perdones, Dios mío,
y te prometo que haré
algo por esa persona
a quien tanto lastimé.

(Marialuz Albuja Bayas)

PARA PEDIR PERDÓN

Del Salmo 32

A las escondidas
no quiero jugar,
tras esta cortina
me cansé de estar
sin verte a los ojos,
portándome mal,
por puros antojos
rompí ese cristal.

Ahora te busco
bajo mi almohadón,
¡ya llegó mi turno!,
¡quiero tu perdón!

(Sandra De la Torre Guarderas)

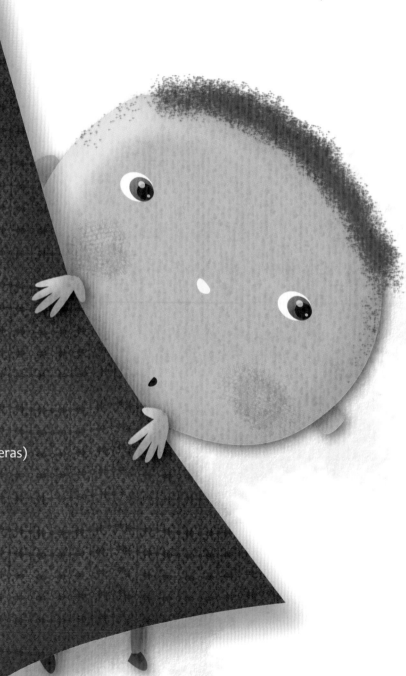

Juan me golpeó esta mañana
pero pasó de accidente.
Yo lo perdoné enseguida
aunque sintiera dolor.

Después mi hermano me hizo
un moretón en la frente
y como estaba enojado
fue con toda la intención.

Tengo ganas de pegarle,
pero quiero estar de buenas,
Ayúdame, Jesús mío,
a limpiar mi corazón.

(Marialuz Albuja Bayas)

Del Salmo 104

Señor,
gracias por los peces
que las aguas mecen,

por la tintorera
en su gran bañera.

Hoy quiero cantar
la canción del mar.

¡Que tu nombre santo
brille con mi canto!

(Sandra De la Torre Guarderas)

Del Salmo 104

Gracias, Señor, por las nubes,
las flores y los insectos,
por la lluvia, las montañas
y todo lo que es perfecto.

(Marialuz Albuja Bayas)

Del Salmo 16

Gracias, Señor, por la risa
que vuela por los rincones,
que ataca a los juguetones
y refresca como brisa.

Gracias, mi Dios, por el gozo
que vence toda tristeza,
aleja la nube espesa
y llena siempre mi pozo.

(Sandra De la Torre Guarderas)

Cuando cierro mis ojitos
un ángel me viene a ver
y mientras todos descansan
Dios habita en cada ser.

(Marialuz Albuja Bayas)

Del Salmo 139

Jamás me escondo de ti
porque vas a donde voy,
en mi corazón despiertas
y existes en donde estoy.

Eres presencia infinita.
En ti todos somos uno,
como las gotas y el agua,
como las llamas y el humo.

Todo un Dios dentro de mi alma
es un milagro de amor.
De ti me viene la calma
cuando aparece el dolor.

Y si me siento feliz
también te llevo conmigo.
¿Quién quisiera estar a solas
si puede tener tu abrigo?

(Marialuz Albuja Bayas)

Del Salmo 24

Dios, ¿puedo entrar en tu casa?
Lavé mis manos con jabón
¡y soy puro corazón!

Puedes entrar a la mía,
la puerta siempre está abierta
porque mi fe es la más cierta.

"Ven, pasa, entra a mi casa",
dice tu voz con cariño…
"¡Mi reino ya es de este niño!"

(Sandra De la Torre Guarderas)

Del Salmo 23

Aunque me caiga en el patio
o tema a la oscuridad,
tú me cuidas todo el tiempo
con tu luz, que es mi verdad.

Me dices por dónde ir.
Nada me falta a tu lado.
Y si te pido tu amor,
lo darás multiplicado.

Eres pastor bondadoso.
Contigo todo lo tengo.
Y por eso en este día,
a darte las gracias vengo.

(Marialuz Albuja Bayas)

Del Salmo 17

Oh, Dios, sé muy bien que me escuchas
aunque cante mal en la ducha
y sé que te acuerdas de mí
aunque no pueda contar hasta mil.

Soy un puntito en tu universo
pero contigo yo converso.
Me has sentado en un gran trono
y me has dicho: "Te corono".

No necesito ningún hada,
¡vivo feliz en tu mirada!

(Sandra De la Torre Guarderas)

TODOS LOS DÍAS CON EL SEÑOR

Del Salmo 5

Ahora que empieza el día soleado,
te ofrezco, Dios mío, todo lo que soy.
Cuidaré los dones que me has entregado;
quiero que acompañes mi camino hoy.

(Marialuz Albuja Bayas)

Quiero vivir cada día
como el regalo más bello
y encontrar en cada cosa
tu amor, tu guía, tu sello…

Señor, que nunca me aleje
de tu alegría infinita.
Dame sonrisas y fuerzas
con tu amor, que en mí palpita.

Y si un momento difícil
aparece en mi camino,
buen Jesús, que no me aparte
de tu consuelo divino.

(Marialuz Albuja Bayas)

TODOS LOS DÍAS CON EL SEÑOR

Del Salmo 30

Buen Jesús, que siempre amemos sin temor,
que podamos ser felices
aunque a veces
no sepamos los caminos del amor.

Es hermoso ver que todo lo embelleces
y que puedes alegrar y dar color
a los ríos,
a los mares,
a los peces…
y transformas la tristeza en una flor.

(Marialuz Albuja Bayas)

Ayer se enojó mi profe
porque no quise decir
los números y las letras
que me pidió repetir.
Pero quiero que ella sepa
que lo hice sin maldad.
Dulce Jesús, yo te pido
que me des la voluntad
para aprender en la escuela
aunque prefiera jugar.

(Marialuz Albuja Bayas)

Mi Dios, yo quiero que vivas
en mi alma y en mi hogar.
Enséñame, cada día,
a ser, a servir y a amar.

(Marialuz Albuja Bayas)

Del Evangelio de Mateo, 6

Quisiera por siempre celebrar la vida
con versos, dibujos, canciones, color…
pero, sobre todo, lograr el milagro
de hacer cada cosa sin preocupación.

Sé que si yo dejo que el Padre me entregue
todo lo que quiere darme con su amor,
entonces mis sueños saldrán a buscarme
porque estaré cerca, muy cerca de Dios.

(Marialuz Albuja Bayas)

Del Salmo 34

Ángel que me cuidas cuando tengo frío
y cuando el sol brilla, redondo, en el cielo
y cuando sus rayos derriten el hielo,
cuando tengo miedo, cuando lloro o río...

En tu protección yo siempre confío,
me guardan tus alas, me impulsa tu vuelo.
Si me pongo triste me das tu consuelo,
me enseñas la ruta cuando me desvío.

Dame de beber el agua de vida
que para sus hijos promete el Señor.
Tomaré entre sueños tu mano querida

y cuando despierte sentiré tu amor.
Ángel que me cuidas en toda caída,
llévame en tus brazos, sana mi dolor.

(Marialuz Albuja Bayas)

Marialuz Albuja Bayas:

Ha publicado los poemarios Las naranjas y el mar, Llevo de la luna un rayo, Paisaje de sal, La pendiente imposible, obra premiada y publicada por el Ministerio de Cultura del Ecuador y Detrás de la brisa, mención de honor del premio César Dávila Andrade. Su obra ha sido parcialmente traducida al inglés, portugués, francés y euskera. Forma parte de antologías y publicaciones en América Latina y Europa. Actualmente vive en Quito. Es traductora.

Fotografía: Ramiro Sáenz

Sandra De la Torre Guarderas:

Es guionista, realizadora audiovisual y directora de doblaje. Ha escrito y dirigido piezas de teatro. Enseña las asignaturas de Guión de ficción y Producción dramática, a nivel superior. Es guionista de la serie de vídeo infantil "Deditos", producida en Viña Studios, Guatemala, y doblada a lenguas indígenas minoritarias de todo el mundo. Su ópera prima en el género lírico, El hueco en el zapato, es Premio Paralelo Cero 2012.

Fotografía: Rashael A.' Jones

Eulalia Cornejo:

Obtuvo el Premio de Ilustración Darío Guevara Mayorga (2000, 2001, 2006 y 2007) y el tercer lugar en el Concurso Internacional de Ilustración Noma-Unesco, Japón (2003). Ha representado a Ecuador en la Lista de Honor de IBBY (2006-2007 y 2007-2008). Entre sus múltiples trabajos ha publicado, en Alfaguara infantil, Porque existes tú, Enriqueta; y en Editorial Trama, Cuando los gatos verdes cantan.